AF259862

A LA FRANCE

DIMINUTION DES IMPOTS!

VINGT MILLIARDS

EN DIX ANS!

Par **A. F. L.**, a Paris

de 1871 à 1876

BORDEAUX

IMPRIMERIE DUVERDIER ET Cie (DURAND, DIRECT.)
7, rue Gouvion, 7

1876

VINGT MILLIARDS

EN DIX ANS!

A LA FRANCE!

A MA CHÈRE PATRIE!

VINGT MILLIARDS

EN DIX ANS!

Diminution graduelle des impôts

Par **A. F. L.**, a Paris

de 1871 à 1876

20 mars 1876.

BORDEAUX

IMPRIMERIE DUVERDIER ET Cie (DURAND, DIRECT.)

rue Gouvion, 7

1876

VINGT MILLIARDS

EN DIX ANS!

I

TOUJOURS DE NOUVEAUX IMPOTS!...

Depuis cinquante ans, **ces mots** sont gravés dans ma pensée !

Vivement impressionné des malheurs qu'ils renferment ;

J'ai cherché,

J'ai parcouru le monde entier,

J'ai appris toutes les langues,

Et partout,

Chez tous les peuples, j'ai entendu l'ouvrier soupirer ces mots :

Encore et **toujours !**

Toujours de **nouveaux impôts !**

A cette heure, où tremblant, mais poussé par une force irrésistible, nous traçons ces lignes, que se passe-t-il en Europe?

A l'ouverture de chaque parlement, le premier ministre, chargé de la lourde tàche du budget, se voit contraint de le déposer devant les représentants de son pays avec cette conclusion affligeante pour tous :

Il nous faut tels ou tels nouveaux impôts !...

Sinon !... Sinon !...

Et l'artisan des villes,

Et l'ouvrier des campagnes,

Et le malheureux, lui-même, paye...

Mange sans pouvoir apaiser sa faim ;

Boit sans pouvoir étancher sa soif !...

Raccourcissant ainsi ses forces et ses jours pour sauver **l'honneur fiduciaire** de son pays !

Aussi comme l'attestent, comme le proclament les plus grands économistes :

« Là se condense le danger permanent des sociétés modernes ! »

Je suis assez vieux pour avoir vu, depuis 1820, tous les emprunts, tous les impôts que chaque gouvernement nouveau a dû trouver en France, pour cicatriser les plaies de son prédécesseur.

Ces emprunts se chiffrent par plus de **vingt milliards.**

Quant aux impôts, ils ont dû progresser dans une proportion plus effrayante encore.

En 1820, notre budget se soldait avec **un milliard** environ.

Aujourd'hui, **trois milliards** ne suffisent plus pour le libérer.

Et pour atteindre cet équilibre, il a fallu, **bon gré**

mal gré, rendre et sanctionner des lois qui pressurent jusqu'aux objets de première nécessité.

Il a fallu trouver pendant ces cinquante années plus de **cent milliards** de nouveaux impôts!

Et encore!

A quoi ont servi ces **centaines de milliards!**

S'ils avaient au moins diminué la dette de notre patrie!

S'ils avaient seulement préparé l'avenir des classes pauvres!

Mais non! non!

Ces impôts écrasants, souvent vexatoires, **causes latentes de représailles,** n'ont pas amorti un centime de la dette de la nation.

Ils ont à peine suffi pour servir les intérêts annuels de cette dette effroyable.

Et cela est tellement vrai, tellement sensible, que si demain, une partie de ces impôts venait à manquer, le trésor ne pourrait faire face à ses obligations.

Ce serait!... **la banqueroute...**

Et pendant ces **cinquante années,** pendant **ce demi-siècle,** pas une voix ne s'est élevée pour affirmer une mesure capable de faire disparaître cette dette, un seul de ces impôts!

Pas un inventeur n'a paru, avec un moyen de salut **indiscutable,** pour l'avenir de la France! (¹)

(¹) *Je parle d'un moyen basé sur une contribution absolument* **volontaire et libre.**

Et cependant, pensais-je en moi-même!

Ce moyen doit exister!

Il faut le découvrir :

Quel beau jour!

Quel événement!

Pouvoir dire à son pays :

Tu dois vingt milliards!

Tu les dois sans espoir de jamais t'acquitter!

Et pendant des siècles encore tu verras tes ressources, la sueur de tes enfants, s'épuiser au payement des seuls intérêts de cette dette.

Eh! bien!

Réjouis-toi!

Après des efforts surhumains :

J'ai trouvé!

J'ai coordonné le moyen de réunir, en peu d'années, plus d'argent qu'il n'est nécessaire pour liquider cette charge écrasante!

Oui!

Dans cinq, dix, quinze ans, non-seulement tu seras affranchi de ta dette,

Mais il restera en réserve des ressources inépuisables.

Avec ces ressources, le gouvernement pourra chaque année se présenter devant nos assemblées et leur dire :

Nous pouvons, sans nuire à l'équilibre du budget, supprimer tel impôt, diminuer tel ou tel autre!

II

CE MOYEN EST TROUVÉ

Je viens d'affirmer avoir découvert le moyen de réunir en quelques années des sommes suffisantes pour rembourser intégralement **les vingt milliards** de notre dette flottante !

S'il fallait, pour arriver à cet heureux résultat, bouleverser l'ordre de finances établi, écraser les uns pour dégrever les autres, le remède serait pire que le mal.

Il n'en est pas ainsi, Dieu merci !

Notre projet n'a aucun de ces caractères subversifs.

Et je le répète et le répéterai jusqu'à mon dernier soupir :

Il est certain, infaillible.

Il est simple d'exécution.

Il ne froisse aucune susceptibilité.

Il respecte la liberté de tous.

Il n'entraîne l'État dans aucun frais, dans aucune dépense, dans aucune responsabilité.

Il peut être appliqué ce soir ;

Supprimé demain.

Le plus extraordinaire c'est que, chaque heure du jour, chaque jour et nuit de l'année, ce qui en fait la base, s'exerce au vu et connu de tous.

C'est que depuis mon enfance, je voyais, sans y faire grande attention, tous mes compatriotes y prendre part.

Et cela :

Sans qu'il soit venu à l'idée de personne d'en tirer le parti immense qu'il est appelé à produire.

Ce qui dépasse toute conception,

C'est qu'il augmente la richesse au lieu de l'amoindrir,

Qu'il flatte l'opulence au lieu de la contrarier.

C'est qu'enfin, mis en pratique, son rôle sera d'attirer et de retenir en France, un concours immense de seigneurs étrangers venus exprès des points les plus reculés du monde.

III

CONSÉQUENCES

Les conséquences d'un tel système, *en admettant sa vérité,* se révèlent sous trois grandes dénominations : Financières, Politiques, Nationales.

FINANCIÈRES :

Pour le trésor et pour le commerce en général du pays.

POLITIQUES :

Pour les relations et les alliances avec les autres nations.

NATIONALES :

Pour le bien-être physique et moral de millions de Français.

Les conséquences financières ont-elles besoin d'être énumérées?

Elles sont innombrables.

Non-seulement le grand et le petit commerce, les voies de communication, les diverses branches d'industrie en profiteraient,

Mais encore des sommes incalculables seraient apportées chez nous et n'en sortiraient plus.

Le privilége n'existant au profit de personne, chaque ville, la moindre commune pourrait en prendre sa part.

Chaque Français, réunissant les conditions imposées, aurait le droit de se présenter au gouvernement et de lui demander l'autorisation de contribuer à cette œuvre en fondant un des établissements qu'elle embrasse.

La liberté individuelle et générale étant en tout point respectée, aucune plainte ne pourrait s'élever :

Pas une voix, nous osons l'affirmer, ne dirait :

C'EST REGRETTABLE,

Car cent mille autres lui répondraient aussitôt :

ET TON PAYS!

IV

CONSÉQUENCES POLITIQUES
ALLIANCES REFAITES — RÉPARATIONS

Quant aux conséquences internationales de notre système, elles y jouent un rôle trop important pour n'être pas exprimées ici.

Jamais, jusqu'à ce jour, nous n'avions parlé politique.

Et, cependant, nous avons assisté, au premier rang, dans chaque pays où ils se sont accomplis, aux grands événements qui ont, en ces dernières époques, transformé l'Europe et brisé un instant la France!

La guerre de Crimée,

La guerre d'Italie,

La guerre de la Prusse contre l'Autriche et ses autres alliés de la Confédération germanique,

La guerre, enfin, de la Prusse entraînant l'Allemagne contre la France.

Toutes ces guerres, nous les avons suivies, étudiées.

Nous les avons vu se préparer, se conclure.

Parlant les langues de ces divers peuples, vivant alors au milieu d'eux, fréquentant leurs sociétés politiques et militaires, nous avons, peut-être mieux que qui que ce soit, apprécié les ressorts et les mobiles qui les ont fait agir.

Eh bien! comme notre projet aura assurément pour résultat de réparer une grande partie du mal produit par ces guerres, nous ne craignons pas de donner ici notre conviction sur ces événements funestes et si désastreux pour la France!

En massacrant les Russes à Sébastopol, en écrasant les Autrichiens à Solferino, en laissant la Prusse les mitrailler à Sadowa, à Langsalsa, à Kissingen, savez-vous ce que nous faisions, nous, Français?

Nous nous suicidions nous-mêmes.

Nous laissions égorger, presque des frères pour nous, les deux seuls peuples qui nous aimaient en ce monde.

Les seuls qui, peut-être, malgré notre cruauté envers eux, nous aiment encore aujourd'hui.

Oui!

Qui nous aiment encore aujourd'hui?

Pour moi qui, sur mon seul titre de Français, me suis vu accueilli par eux comme un des leurs, je sens mon âme déborder de tristesse, en songeant au mal que nous leur avons *causé*.

Aussi je ne crains pas de le dire :

« Jamais, jamais, nous ne leur offrirons trop de réparations.

Et quand j'ai le bonheur d'en retrouver sur mon passage, mes premières paroles sont celles-ci :

« Pardonnez à la France!

» Si mes compatriotes vous ont fait la guerre, ils ne

» connaissaient pas comme moi votre générosité ; ils
» ne savaient pas que vous les aimiez au-dessus de tout,
» et qu'au jour du péril, vous auriez volé à leur
» secours.

» Poussée par un gouvernement aveugle, l'armée a
» dû marcher.

» Mais le peuple, le vrai peuple français, n'a pas
» cessé de vous estimer, de vous honorer.

» Aujourd'hui ses yeux sont ouverts.

» Plus que jamais, il sent le prix de votre alliance.

» Et puis!...

» Ses malheurs vous ont largement vengés !

» Ces mêmes armées, qui vous avaient combattu et
» causé du dommage, ont été à leur tour vaincues, dis-
» séminées, anéanties (¹).

(¹) **DERNIÈRES LIGNES D'UN PRISONNIER DE L'ARMÉE FRANÇAISE, MORT A 22 ANS AU FORT D'ULM**

Ulm, le 12 septembre 1870.

« Chers parents,
» Je vous écris ces mots, au crayon, pour vous donner de mes nouvelles.
» Maintenant, je suis prisonnier ; quand je serai rendu à la liberté, je vous
» écrirai de nouveau.
» J'ai reçu ce que vous m'avez envoyé.
» Je vous remercie beaucoup, j'étais si malheureux !
» Embrassez bien pour moi ma sœur.
» Votre fils,   » Pierre Hosteins. »

Quand je serai rendu à la liberté! *(Cette liberté c'était la mort).*

Ulm, 17 janvier 1871.

« Monsieur Hosteins, à Bordeaux,
» En réponse à votre demande, j'ai l'honneur de vous faire part que le nommé
» Hosteins Pierre, musicien au 99e de ligne, né le 1er mai 1848, à Lesparre (Gironde),
» était au fort X, le 16 octobre 1870, et il est mort le 23 du même mois.
» Voilà, Monsieur, tous les renseignements que je peux vous donner sur votre
» fils.
» Veuillez agréez, etc.
» *Le Commandant du fort X* : Lieutenant Nubling. »

» Et maintenant, que reste-t-il de tout ce passé san-
» guinaire, pour vous, Russes, pour vous, Autrichiens,
» pour nous, Français? Oui! Qu'en reste-t-il?

» Une leçon ineffaçable;

» Un souvenir profondément instructif :

» C'est que la Russie, l'Autriche et la France, désunies, peuvent périr l'une après l'autre;

» Tandis que la Russie, l'Autriche et la France unies, au contraire, seraient invincibles et se protégeraient l'une l'autre;

Eh bien!

Si mes projets s'accomplissaient,

La France pourra bientôt reconquérir l'alliance importante des deux empereurs de Russie et d'Autriche, en leur disant :

Quelle réparation la France doit-elle à vos peuples?

Fixez-la : la voici!

Et ce jour, on peut le certifier,

L'équilibre européen sera vrai, indestructible;

Et ce jour, un désarmement général pourra être imposé;

Et ce jour, les budgets seront réduits de moitié;

Et ce jour, l'agriculteur, l'ouvrier, vivront d'un travail suffisamment rétribué;

Et ce jour, enfin, l'État pourra employer les im-
menses ressources que nous lui aurons accumulées, à
donner du pain, des vêtements, un abri à des milliers

de Français qui, **oh! honte!** en manquent en ce moment ou sont abandonnés à la charité publique.

V

CONSÉQUENCES NATIONALES — DIX MILLE ÉTABLISSEMENTS CRÉÉS — QUARANTE A CINQUANTE MILLE EMPLOIS A DONNER

Après avoir ainsi établi les conséquences **financières et politiques** de notre idée, l'on va voir avec étonnement ses conséquences favorables envers une masse de nos compatriotes, auxquels son application apportera l'aisance et le bien-être.

Dans la plus stricte appréciation, notre projet présente l'avantage inouï :

De créer, à l'instant même, plus de dix mille établissements répandus sur toute la surface de la France.

Les grandes villes, les moyennes, les moindres villages en obtiendront.

Nous assisterons alors à de véritables prodiges.

Nous verrons des bourgades, ignorées, pauvres aujourd'hui, se transformer en cités opulentes.

Or, ces dix mille établissements, ayant besoin de directeurs, d'inspecteurs, de surveillants, de gardiens,

— l'on peut évaluer, sans erreur, **à quarante ou cinquante mille**, le nombre d'employés qu'ils nécessiteront.

Ce serait donc **quarante à cinquante mille emplois** dont pourrait disposer le gouvernement.

Il choisirait, pour les occuper, d'anciens fontionnaires peu rétribués, **des officiers ou soldats blessés.**

Quarante à cinquante mille heureux faits ainsi parmi nous!

Ne serait-ce pas déjà presque un prodige!

Et pourtant, ce n'est pas tout :

Les familles elles-mêmes de ces fonctionnaires, viendraient se joindre au nombre des heureux.

Après un temps de service déterminé, une retraite serait assurée à chacun.

Cette retraite serait reversible sur les veuves, les enfants, les ascendants.

Or, le croira-t-on!

Tous ces employés, toutes ces familles heureuses, ces mille et mille retraités, ne coûteraient pas une obole à l'État.

Traitements, retraites, tout serait couvert et soldé au moyen d'un faible prélèvement sur les recettes brutes des établissements.

Il y a plus :

Tout cela serait assuré, serait versé d'avance.

En effet :

D'après une disposition de notre combinaison,

Les Sociétés fondatrices imples particuliers

fondateurs de ces établissements, sont responsables des traitements de ces divers employés.

Le cautionnement qu'ils sont oligés de fournir en espèce, comme garantie de l'autorisation qui leur est accordée, est affecté par privilége, et en premier lieu, au payement annuel de ces traitements.

Il fait face, en second lieu, aux autres éventualités prévues par le décret administratif réglant la matière.

Ainsi :

Création instantanée de **quarante à cinquante mille emplois.**

Retraites de ces employés reversibles sur les divers membres de leurs familles.

Cautionnements de garantie pour couvrir ces traitements, ces retraites.

Aucune charge pour le trésor.

Telles sont les qualités vraiment philanthropiques, vraiment nationales de notre projet.

VI

DÉJA CES ÉTABLISSEMENTS FONCTIONNENT

Puisque je viens de parler :

D'autorisation de la part du gouvernement,

D'un décret administratif sur la matière,

Il est évident qu'il s'agit d'établissements autorisés ou à autoriser en les réglementant.

Or, de quel étonnement ne sera-t-on pas frappé en apprenant :

Que ces établissements existent déjà et ont existé de tout temps en France,

Qu'il en existe dans toute l'Europe.

Oui!

A l'heure où ces lignes paraîtront, plus de six mille sont autorisés en France.

Ils sont ouverts;

Ils fonctionnent;

Ils rapportent même à ceux qui les tiennent des sommes relativement importantes;

Ils ont des directeurs, des chefs, des employés qui s'enrichissent, quelquefois même par des moyens répréhensibles.

Que dis-je!

Ces établissements sont tellement bien autorisés, qu'on leur fait payer un semblant d'impôt.

Impôt illusoire, il est vrai, et qui rapporte à peine cinq à six cent mille francs par an.

Or, ce sont ces mêmes établissements :

Déjà autorisés,

Déjà imposés,

qui doivent, si ma voix est entendue, **donner des milliards** à l'État.

OUI, DES MILLIARDS.

Et l'ordre régnera partout, et la loyauté remplacera souvent la fourberie.

Et au lieu d'y rencontrer, comme aujourd'hui, de nombreux mécontents, on n'y entendra de la part des entrants et des sortants que cette exclamation :

C'est bien !

APRÈS TOUT, C'EST POUR LA FRANCE !!!

———

VII

LES RECETTES

LES RECETTES !...

Ah ! elles ne manqueront jamais, celles-là !

Elles ne demanderont pas d'exécutions, de contraintes, de saisies !

Elles ne frapperont pas le paysan, l'ouvrier.

Elles ne toucheront pas aux meubles des pauvres !

Elles ne feront pas couler les larmes, souvent vengeresses et désespérées, d'une mère souffrante, d'enfants en bas âge !

CES RECETTES !

Elles seront sans reproches entre toutes, car elles profiteront, *en pleine liberté,* du superflu des richissimes !

Que dis-je !

Elles auront un caractère bien plus national encore, puisqu'elles seront presque toutes fournies pár l'étranger, faisant ainsi rentrer en France les capitaux que nos malheurs *(d'autres diraient les trahisons)* en ont fait sortir.

Elles deviendront ainsi : *Les Recettes patriotiques,*

AIDANT LA FRANCE :

A reprendre le rang qui lui appartient :

A diminuer, supprimer les impôts qui pèsent sur les déshérités de la fortune.

A créer des maisons :

D'éducation,

D'apprentissage, de travail,

De secours,

D'avances gratuites.

Que sais-je encore ([1])?

CES RECETTES!

Ah! nous pouvons le prédire :

Elles seront partout :

Les recettes à la mode,

Les recettes en honneur!

([1]) Et surtout, c'est le vœu sacré que je forme : *A construire un splendide monument national, largement subventionné, offrant toutes les douceurs de la vie, les soins dans la souffrance, le repos dans la vieillesse, aux grands artistes : compositeurs, inventeurs, écrivains, ayant illustré la France. (Lire le sombre récit de la* Gironde, *10 mars 1876.) Le sculpteur Duberteau, enfant de Bordeaux, que nous avions vu tailler l'immortel groupe de la danse de Carpeaux, sortant de l'hôpital, errant sans pain dans les rues de Paris, et plutôt que de tendre la main à la charité, se précipitant dans la Seine.*

Chacun se fera plaisir et mérite de les augmenter, de les faire les plus grosses possibles.

Car, contrairement à toutes celles énumérées au budget, elles auront les singulières qualités :

D'une contribution libre,

D'une contribution volontaire,

D'une contribution trop juste, trop modérée.

VIII

COMMENT SE FERONT-ELLES ?

D'elles-mêmes pour ainsi dire :

Elles s'accumuleront dans tous les coins et recoins de la France, sans secousse,

Sans même avoir besoin d'introduire la plus légère modification à l'ordre de finances actuellement en vigueur.

En quelques instants, le trésor les connaîtra, les réunira.

Exemple :

Chaque jour, à neuf heures du matin, l'inspecteur-trésorier attaché à chaque établissement, se présentera soit à la banque de France, soit aux recettes générales, soit aux recettes particulières, soit même aux perceptions de chaque commune.

Il y déposera le bordereau de sa caisse de la veille et en versera le montant.

Aussitôt, le receveur général du département enverra au ministère des Finances le chiffre de ces versements.

Ce chiffre sera clair et net;

Il ne présentera ni passif, ni arriéré.

Les bordereaux certifiés seront ensuite adressés à la direction, à Paris.

Et là, des contrôleurs spéciaux vérifieront la parfaite exactitude des documents.

IX

DIVISION GÉNÉRALE A PARIS — EMPLOYÉS

Les établissements étant répandus dans toute la France, l'organisation de l'institution, et le contrôle des employés nécessiteront la plus grande attention.

Pour arriver à ce contrôle, voici sur quelles bases nous avons pensé en établir la hiérarchie administrative.

Il sera d'abord créé une division générale au ministère des Finances à Paris, d'où rayonneront toutes les mesures à prendre.

Cette division sera composée de la manière suivante :

1° Un directeur.

2° Quatre sous-directeurs.

3° Huit inspecteurs généraux chargés chacun de dix ou onze départements.

4° Seize inspecteurs privés, chargés de parcourir chacun cinq départements, de visiter les établissements et de se rendre compte de leur bonne gestion en même temps que de la loyale perception des redevances.

Quant aux employés attachés à chaque établissement, leur nomination aura lieu dans l'ordre ci-après :

Un Commissaire-trésorier présidant toutes les opérations avec droit d'imposer les dispositions et règlements intérieurs qu'il jugera nécessaires.

Sous ses ordres :

Un ou plusieurs Commissaires adjoints,

Des surveillants,

Des gardiens.

Tous ces fonctionnaires seront assermentés.

Quant au nombre de ces employés et fonctionnaires, les établissements étant divisés en 1re, 2e, 3e et 4e classes, ce nombre sera proportionné à l'importance de chaque catégorie.

X

TRAITEMENTS — RETRAITES

Une fois le principe de l'institution admis, il sera fait une échelle de traitements et de retraites pour les divers employés ci-dessus indiqués.

Il est bien compris que ces traitements, ces retraites ne coûteraient jamais une obole à l'État.

Ils seraient, en effet, soldés au moyen d'un prélèvement de *quelques pour cent* sur les recettes brutes opérées dans chaque établissement.

Puis ces prélèvements divers seraient répartis proportionnellement aux traitements attribués aux divers emplois.

Si, dans un établissement, ce prélèvement sur les recettes ne suffisait pas pour compléter les traitements, soit mensuels, soit annuels, le déficit serait aussitôt pris sur le cautionnement fourni par les fondateurs.

Au surplus, tous ces détails de traitements, de retenues, de retraites, sont minutieusement coordonnés par nous dans un autre travail qui règle la mise en pratique de notre projet.

XI

DÉCRET ADMINISTRATIF

Si, après les explications que nous venons de donner, il pouvait exister la moindre hésitation dans l'esprit de nos législateurs, une réflexion doit la faire disparaître.

Cette réflexion est la suivante :

Les diverses ramifications de notre système seront réglées par un décret administratif, approuvé en conseil des ministres.

Ce décret embrassera :

Les formalités à remplir pour obtenir l'autorisation.

Les conditions de cette autorisation.

Les droits perçus par le trésor.

En un mot, tous les moyens de mise en pratique depuis A jusqu'à Z.

Ce décret sera soumis à la révision et à la ratification d'une commission *ad hoc* nommée par l'Assemblée nationale.

Il instituera une inspection spéciale chargée de surveiller toutes les branches de l'opération.

Aux époques fixées, un compte-rendu des résultats obtenus sera livré à cette commission.

Alors, les modifications, les améliorations reconnues utiles seraient appliquées.

Et par là pourraient être ménagés tous les scrupules, tous les intérêts.

XII

AUTORISATIONS DEMANDÉES
FORMALITÉS A REMPLIR — GARANTIES A OFFRIR

Le décret administratif ci-dessus énoncé, visant toutes les conditions et garanties exigées pour obtenir l'autorisation d'un établissement, les particuliers ou sociétés qui voudraient jouir de ces prérogatives, devraient accomplir les formalités suivantes :

La demande serait d'abord adressée au préfet du département.

Elle serait signée par un certain nombre de personnes solidaires responsables, et avec dépôt d'un cautionnement préalable, proportionné à l'importance de l'établissement à créer.

Les signataires devraient justifier d'une position de fortune suffisante pour faire face aux engagements contractés, de manière à ce que rien ne puisse, en aucune circonstance, rester en souffrance.

Lorsque ces conditions seront remplies,

Lorsque l'autorité préfectorale, par une enquête sévère, aura reconnu qu'il n'y a pour l'État ou pour la commune aucun inconvénient à accorder l'autorisation sollicitée, il la transmettra avec son avis motivé au ministre.

Là, cette demande est soumise à un dernier examen.

Elle est acceptée ou rejetée, selon le résultat de cet examen.

XIII

ACCEPTATION — DÉLIVRANCE D'AUTORISATION

Si le résultat de cet examen est favorable, un brevet d'autorisation sera soumis à la signature du ministre.

Ce brevet énoncera les droits accordés, comme aussi les obligations contractées.

Il fixera les diverses redevances dues par l'établissement et ceux qui le fréquentent.

Il établira le nombre des employés et le chiffre de leurs traitements.

Il prononcera les cas d'amende, de révocation, de fermeture, en cas de malversation.

Une fois délivré, ce brevet engage solidairement, même par droit d'hypothèque privilégiée, tous les signataires de la demande.

Le cautionnement, déposé par eux en numéraire ou garanti par hypothèque, est incessible et insaisissable.

Il n'appartient qu'aux employés de l'établissement, et, s'il y a un reliquat, aux autres dettes qui pourraient rester en souffrance.

Trois expéditions du brevet sont délivrées :

L'une aux concessionnaires ;

L'autre à la préfecture ;

La troisième reste à l'État, et est transcrite au bureau des hypothèques de l'arrondissement.

XIV

CRÉATION DE L'ÉTABLISSEMENT

Une fois ce brevet accepté par les concessionnaires, ils sont engagés, sous peine de perte de leur cautionnement, de créer l'établissement autorisé.

Ils sont également tenus d'en faire l'ouverture, dans le délai fixé, et ce, sous peine de déchéance.

Il est, dès lors, facile de comprendre que souvent l'établissement autorisé présentera deux phases :

La première sera l'établissement provisoire ;

La seconde sera l'établissement définitif.

Ces deux périodes seront prévues et spécifiées dans l'autorisation.

Il sera, en effet, impossible de construire et d'organiser, en quelques jours, les établissements définitifs.

Dans ce cas, les fondateurs devront prendre un local provisoire, afin de fonctionner dans le plus bref délai, chaque heure de retard étant une perte irréparable.

En cas de non-exécution de la part des autorisés,

tous les travaux commencés, toutes les dépenses faites, appartiendraient à l'État, de plein droit, sans mise en demeure, sans demande en justice, sans la moindre indemnité.

XV

OUVERTURE — FONCTIONNEMENT

Le jour de l'ouverture de chaque établissement, soit provisoire, soit définitif, est fixé par le préfet.

Cette ouverture a lieu en présence du Maire de la commune ou de son délégué.

Les employés attachés à l'établissement prennent leurs fonctions.

Un rapport de l'inspecteur-trésorier énonçant les circonstances de cette ouverture est adressé au préfet, et transmis par ce dernier à la division générale à Paris.

Ce rapport contient une notice descriptive de l'établissement.

Il énumère les avantages qu'il est appelé à procurer à la localité et à ses habitants.

Il indique les dépenses qu'il a à à supporter, et les recettes approximatives qu'il pourra donner.

Il examine s'il n'est pas dans l'intérêt de l'État et de la commune, de faciliter la création d'un ou plusieurs autres établissements d'une classe inférieure ou supérieure.

Les conclusions de ce rapport sont vérifiées à Paris, par la commission d'examen.

XVI

CONTRAVENTIONS, FRAUDES, DOMMAGES RÉPARÉS, FERMETURE

Il serait puéril de supposer que dans ces dix à vingt mille établissements; que parmi ces quarante à cinquante mille employés; qu'au milieu de cet inimaginable tourbillon d'opérations en recettes et dépenses du jour et de la nuit, non interrompues depuis les 1er janvier jusqu'au 31 décembre de chaque année, il serait, dis-je, puéril de supposer qu'il ne se glissera par des abus et des fraudes.

Malgré toutes les précautions qui seront prises, malgré la surveillance la plus active, la plus multipliée, des actes répréhensibles seront certainement commis.

La sanction, le châtiment, les réparations seront prévues par le brevet d'autorisation.

Elles devront être sévères, radicales, exemplaires.

Les contraventions, les fautes légères seront passibles d'amendes prélevées aussitôt sur les cautionnements.

Les dommages causés seront réparés, par dix, vingt, cinquante fois le montant de ce préjudice.

Les actes coupables seront déférés à la justice ;

Et une condamnation entraînerait :

La fermeture de l'établissement ;

La confiscation des cautionnements, des meubles et des immeubles, au profit de l'État, sans aucune indemnité envers les coupables.

XVII

AVANT DE DÉVOILER L'ORGANISATION
PRÉCAUTIONS

Tous ceux qui liront ces pages, ne pourront s'empêcher de faire en eux-mêmes le raisonnement suivant :

Si les résultats annoncés sont exacts,

S'il est vrai que des sommes aussi considérables puissent revenir à notre patrie !

S'il est vrai, etc., etc.,

Il faut que l'organisation et la mise à exécution de ce projet soient entourées des plus grandes précautions.

Il faut garder un secret absolu, user d'une discrétion à toute épreuve.

Il faut que personne, ni en France, ni à l'étranger

puisse jalouser ou s'inquiéter des conséquences financières ou autres qu'il renferme !

Il faut au moins que, pendant un certain nombre
d'années, on ne puisse en connaître les combinaisons,
les imiter, et, par là, en paralyser tout ou partie des
puissants effets.

Lorsque nous aurons mis en réserve vingt ou trente
milliards, le silence, le secret, ne seront plus aussi
nécessaires.

Peut-être même ne seront-ils plus possibles.

Mais jusque-là, et le plus longtemps que nous pour-
rons, ne nous livrons à personne; conservons nos joies
pour nous seuls.

Pensons aux grands malheurs de notre adorée patrie.

Songeons qu'à l'heure présente, les mêmes envieux
nous surveillent, prêts à nous nuire de nouveau, s'ils le
peuvent.

Nous étions trop ouverts, trop francs envers eux,
Soyons désormais impénétrables.

Et, levant nos mains vers Dieu, répétons en nos
âmes :

Que sera la France,
Si cela s'accomplit!!!

XVIII

QUI VEUT LA FIN, VEUT LES MOYENS!

En affirmant, en proclamant devant la France entière que je réunirai dans l'espace de temps ci-dessus
déterminé, les sommes nécessaires pour liquider sa
dette; j'ai sondé, j'ai calculé la terrible responsabilité
qui va peser sur moi.

Aussi, est-il juste qu'en échange, mes concitoyens et
leurs représentants ne me refusent pas les moyens, les
pouvoirs indispensables, pour réaliser une œuvre dépassant tout ce qui s'est vu jusqu'à ce jour.

Ces moyens d'exécution ne coûtant rien à l'État, ils
doivent m'être donnés, aussi grands, aussi étendus que
possible.

Plus ils me seront accordés illimités, plus la réussite
en sera extraordinaire.

Si je sens, en effet, la pesanteur des obligations que
je contracte en ce moment, je sais aussi qu'il me faut,
pour les remplir, des ressources plus que multiples.

Il ne faut pas que, l'œuvre commencée, je me trouve
arrêté faute de moyens convenables pour la développer,
la propager jusqu'aux extrémités de nos frontières.

XIX

MES CONDITIONS

Donc, puisque personne au monde n'a jamais et n'aurait jamais pensé à découvrir cette source de richesse pour notre pays!

Puisque seul, dans l'obscurité, dans le recueillement *de mon patriotisme*, j'ai combiné cet immense avenir, *aucun Français* ne trouvera déplacé, ni déraisonnable que je supplie nos législateurs, nos ministres, le chef honoré de notre gouvernement, de m'accorder les conditions qui sont à mes yeux les gages, *sine quâ non*, de réussite, de triomphe.

Ces conditions sont au nombre de trois! Elles peuvent se formuler ainsi qu'il suit :

Première condition : Que je sois nommé ma vie durant (même sans appointements), directeur de la division, *et qu'aucun employé ne soit accepté sans mon avis préalable.*

Deuxième condition : Que ma voix soit prépondérante pour l'emploi des fonds provenant de l'institution, et qu'il ne soit permis d'en rien distraire pendant cinq, dix ou quinze années sans ma volonté (sauf en cas de guerre, *où l'État* pourrait prendre toutes les réserves, s'il en avait besoin).

Troisième condition : Qu'il me soit attribué sur les sommes que produira chaque jour l'institution, avec liberté entière d'en disposer comme bon me semblera, envers qui je voudrai, et en toute propriété.

La 1re année   30 0/0
La 2me d°   25 0/0
La 3me d°   20 0/0
La 4me d°   15 0/0
La 5me d°   10 0/0

la 6me année et suivantes, jusqu'à mon décès, 5 0/0.

Ces ressources, ces moyens d'action que je sollicite, pourraient-ils soulever un regret, lorsqu'ils ne frapperont que sur des encaissements qu'on n'aurait jamais soupçonnés?

Puis! si je les demande, si je les exige même, c'est parce qu'il me les faut, c'est parce qu'ils me sont absolument indispensables pour ne pas trébucher en chemin, c'est parce qu'ils me sont absolument nécessaires pour arriver sûrement et rapidement aux résultats que je connais, et que je garantirais volontiers au prix de ma vie.

Et, en effet, ne me faudra-t-il pas créer, à mes risques et périls, des centaines d'établissements modèles!

Ne me faudra-t-il pas subventionner les uns, cautionner les autres!

Ne me faudra-t-il pas répandre à pleines mains les encouragements, la conviction, les largesses, les secours partout, etc., etc.?

Or, mes efforts, mes combinaisons, seraient pour

jamais compromises par le manque de ressources immédiates, toutes-puissantes.

Avant de rien entreprendre, je dois me mettre à même de dominer les plus grandes difficultés, sans avoir besoin de décisions législatives ou ministérielles ultérieures.

Ne vaut-il pas mieux dire en temps la vérité?

Quel reproche ne mériterais-je pas si, par une injustifiable timidité, je me trouvais arrêté dès les premiers moments?

L'on me dirait avec raison :

Pourquoi, dans le principe, n'avez-vous pas précisé ce qui vous paraissait **si urgent?** Nous vous l'aurions accordé. **Maintenant, c'est trop tard!**

Je le déclare donc :

Prenant avec énergie toutes les responsabilités de réussite, j'ai droit à être mis à même de pouvoir obtenir cette réussite.

C'est pour cela que je demande les trois moyens ci-dessus indiqués.

Qu'ils me soient accordés, et l'on verra, après la victoire, qu'ils m'auront suffi **tout juste,** et que mes mains seront **RESTÉES VIDES.**

XX

DITES-NOUS EN QUOI CONSISTE VOTRE SYSTÈME, SUR QUOI REPOSE VOTRE COMBINAISON

Tous ceux qui liront ces pages, qui sont animés comme moi du désir de se rendre utile à notre pays, diront :

« Tout ce que vous écrivez est possible.

» Mais pour arriver aux Chambres, pour provoquer, » pour obtenir une sanction législative, votre parole, » vos affirmations ne suffisent pas;

» Vous devez avérer, établir, prouver jusqu'à l'évi-» dence l'infaillibilité de vos combinaisons. »

Je sens l'exactitude de ce raisonnement, et comme je veux me soustraire à ce qu'il a de fondé, je vais au devant, et je réponds :

« Mon point de départ a été, mes lecteurs s'en » souviendront, l'existence de six mille établissements » déjà autorisés en France.

» Tout mon système repose sur la réglementation de » ces six mille établissements, et sur la réglementation » de ceux qui viendront en augmenter le nombre.

» Donc, mon projet ne tient pas sa base sur une » chose nouvelle ou douteuse.

» Il s'appuie, au contraire, sur un fait certain.

» Sur une institution autorisée, permise, sanctionnée
» par nos lois.

» Mais à côté de ce *connu de tous,* il existe un danger
» dans la divulgation des combinaisons que nous avons,
» au prix de tant de fatigues et d'insomnies, coordon-
» nées, inventées.

» Ce danger, je puis le dire :

» Notre projet n'aura une réussite complète, ines-
» pérée, surpassant l'imagination, qu'autant que la dis-
» crétion présidera à son exécution.

» Il faudra bien que je le dévoile à la commission
» chargée de l'entendre, de l'étudier, de l'analyser.

» Donc, mes chers compatriotes, patience, réserve!

» Laissez à cette sage commission le souci de décider
» ces intérêts si grands.

» Elle seule pourra prononcer, après m'avoir en-
» tendu, saisi, compris, si j'ai eu tort ou raison de
» dire :

POUR RÉUSSIR,
Mon projet doit passer sans bruit, sans jactance (¹)!

(¹) N'oublions pas qu'il peut être appliqué en Italie, en Espagne, en Angleterre, chez toutes les nations.

Pensons que cette application y produirait les mêmes résultats, moins grands peut-être, mais que ces résultats diminueraient d'autant ceux que j'ai rêvés et gardés pour notre patrie.

XXI

COMMISSION EXÉCUTIVE — ARTICLE DE LOI

Nous touchons à la fin de notre travail.

Il ne nous reste plus que deux points à fixer :

1° La commission exécutive chargée de protéger nos efforts, de nous aider de ses lumières et de ses conseils;

2° L'article de loi consacrant la mise en pratique de notre invention.

1° **La commission exécutive.**

Cette commission, choisie par l'Assemblée législative, et parmi ses membres les plus compétents, sera investie de pouvoirs absolus.

Son contrôle s'exercera sur toutes choses.

Décrets ou arrêtés,

Recettes,

Emploi des fonds, etc., etc.

Tout, tout, doit être soumis à son examen, à son approbation.

C'est devant cette commission que nous nous engageons à développer notre système et à en démontrer l'exactitude et l'importance.

Lorsque cette commission nous aura entendu, sa conviction sera encore plus complète que la nôtre.

Son rapport, qui sera, nous n'en doutons pas, favorable, demandera aux Chambres la sanction de notre projet.

Cette sanction se formulera dans un seul article, dont nous donnons le texte tel qu'il nous a paru le plus propre à éviter une discussion prolongée et nuisible.

2° **Article de loi.**

ARTICLE UNIQUE. — *Le Gouvernement réglementera par un décret administratif, approuvé en conseil des ministres, les..... déjà autorisés ou qui seront autorisés à l'avenir en France.*

Les établissements de cette nature qui se seront soumis à ce règlement administratif ne tomberont pas sous l'application de l'article..... du Code.....

Les trois conditions énoncées au chapitre XIX du mémoire qui a provoqué la présente loi sont approuvées envers son auteur.

XXII

SUCCÈS DÉPASSANT AUSSITOT TOUTE ESPÉRANCE

Si mes vœux sont exaucés!...

Si cet article de loi est voté, qu'arrivera-t-il?

Dès le premier jour, les **six mille** établissements qui existent déjà en France seront parfaitement libres de demander ou de ne pas demander au Gouvernement le bénéfice du décret administratif réglant la matière.

S'ils le demandent et **s'ils l'obtiennent**, ils profiteront des avantages que leur offre la loi.

S'ils ne le demandent pas, rien ne troublera leur fonctionnement ordinaire. Ils pourront même continuer de jouir des immunités qui leur sont en ce moment tolérées ou reconnues.

Par là, ils n'auront aucun droit de plainte.

Mais, dès qu'ils verront se créer autour d'eux les établissements modèles dont nous avons parlé, et pour lesquels nous avons demandé les ressources énoncées au chapitre XIX,

Tout changera d'aspect.

Nous n'aurons pas une heure d'attente!

Sur cent de ces établissements, quatre-vingt-dix-neuf voudront posséder le précieux talisman qui leur est offert.

Et alors, non-seulement ces établissements déjà existants démontreront la vérité de notre idée, mais nous verrons avec une indicible joie se développer les prodiges que nous avons annoncés.

Sur tous les points de la France s'élèveront des palais, répandant la richesse, sans blesser la justice, et ramenant loyalement à notre grande et illustre patrie une influence et une force capables de reprendre ou **racheter à son loisir les territoires qu'elle a si douloureusement perdus.**

XXIII

A MES COMPATRIOTES — TOUT POUR LA FRANCE

En mettant la dernière main à ces pages.

En les livrant à l'imprimerie, après les avoir si souvent détruites et refaites, je ne me dissimule pas les émotions qu'elles vont soulever.

Les uns diront :

C'EST UNE UTOPIE!

les autres :

C'EST UNE FOLIE!

quelques-uns les dénigreront; chercheront à en détourner le but.

J'entends des orateurs, même de bonne foi, s'élevant contre la mise en pratique du projet, faisant surgir de séduisantes oppositions.

Qui sait !

Peut-être triompheront-elles, ces oppositions!

Peut-être, car tout est possible de nos jours, se trouvera-t-il des esprits capables de sacrifier à des scrupules d'un autre âge le salut de la patrie!

Mais, je le proclame à la face du ciel,

Tous ceux qui agiront ainsi porteront un immense préjudice à notre pays.

Et je voudrais, oui, je voudrais, comme unique

argument, les faire assister, à travers les temps, aux transformations, aux merveilles qu'enfantera l'exécution de mon idée.

Et pourtant,

Mes très-chers compatriotes,

« Ne croyez pas que l'ambition me guide.

» Non, je vous le jure, je ne désire ni honneurs, ni » récompenses, ni richesses.

» Je n'ai besoin de rien.

» La fortune, je la possède ;

» Ma liberté, mon indépendance, je ne les échange- » rais pas contre le plus grand pouvoir.

» Le seul sentiment, le seul qui me domine, c'est » l'amour de ma patrie !

» C'est pour elle que j'ai tant travaillé.

» C'est elle que je veux rendre, par mon invention, la » toute-puissante bienfaitrice de ceux qui souffrent !

» Essayons-la donc, cette invention ! Ou plutôt...

» Qu'on m'accorde en récompense de mon abnéga- » tion, le bonheur de l'essayer, de la faire fonc- » tionner.

» Ah ! je ne demande pas une heure pour en obtenir, » pour en entendre proclamer avec enthousiasme les » étonnants résultats.

» Alors l'utopie deviendra la réalité.

» Alors l'exagération tombera bien au-dessous des » chiffres promis.

» Alors tout opposant, vaincu par l'évidence, devien- » dra mon plus fervent apôtre.

» **ALORS CHACUN DIRA :**

» **Il ne voulait, en effet, dans la chaleur**
» **de son inspiration, que le salut, la gloire,**
» **la puissance de la France, en même temps**
» **que l'allégement des charges sous les-**
» **quelles elle aurait**

» **SUCCOMBÉ TOT OU TARD! »**

XXIV

DERNIÈRE PRIÈRE!

AUX TRÈS-HONORÉS MEMBRES DU SÉNAT ET DE LA CHAMBRE DES DÉPUTÉS

Je ne puis me défendre, en terminant ce mémoire, d'adresser une dernière prière à ceux qui ont le pouvoir de l'accepter ou de le repousser!

Je ne puis m'empêcher de leur répéter avec respect :

Tout ce que j'ai énoncé dans les pages qui précèdent est la vérité; tout s'accomplira de point en point.

Je n'implore aucune indulgence; je souhaite que l'on m'impose toutes les conditions imaginables.

Que l'on disc : **Votre projet ne sera mis à**

exécution définitive, que lorsque TANT DE DEMANDES d'autorisation seront parvenues au ministère.

Je l'accepte avec gratitude, et je réponds :

« Un jour après la publication du décret, ce n'est » pas quelques demandes, mais des milliers de demandes » qui seront là entre nos mains, examinées, accordées » ou refusées ! »

Aujourd'hui, pour moi : **Plus d'hésitation ! Plus de crainte !**

Je sais, cependant, en publiant ce travail, à quoi je m'expose.

Affronter *ainsi l'opinion publique,*

Assurer *à sa patrie une somme de* **VINGT MILLIARDS !** *plus que toute sa dette !...* **N'est-ce pas braver l'impossible ?**

Lorsqu'il a fallu presque un miracle pour la racheter du quart à peine de cette somme fabuleuse !

Lorsque l'étranger lui-même, regardait avec anxiété l'accomplissement de ce miracle !

Quand on affirme une œuvre aussi colossale, il faut la réaliser !

Et pour la réaliser, que de voyages, que de fatigues, que de tourments, de luttes et de veilles.....

Eh bien ! en ce dernier moment, je me recueille encore en moi-même !

Je me demande si mon amour de la patrie ne m'a pas abusé ???.....

Non! Non! Mille fois non! Cet amour ne m'a point trompé!

Je viens de tout peser, de tout approfondir de nouveau. Ma résolution, est plus ferme que jamais. Aucune déception n'est possible.

Que l'on me laisse agir, et les faits parleront d'eux-mêmes.

Alors! Alors!

Tous ceux qui m'auront soutenu dans cette incalculable entreprise, en seront glorifiés! Leurs noms passeront à la postérité! Et les âges à venir diront :

SANS EUX!

Nous devrions encore vingt milliards.

SANS EUX!

Nous serions encore écrasés d'impôts!

SANS EUX!

La France ne serait pas ce qu'elle est!

Que nos bienfaiteurs soient à jamais BÉNIS!...

A. F. L.